A PESAR DE TODO

Para mi esposo y mi hijo quienes me han apoyado en todo momento, a mi madre quien me dio todo lo que tengo hasta ahora y por ella me decidí a escribir un libro.

Prólogo

Siendo una persona normal que más se puede esperar de la vida... una escuela normal, amigos normales, familia normal. Aunque... ¿De verdad todo era normal? O ¿Quizás lo quería ver de esa manera para no herirme más de lo que la vida lo había hecho? Complicado, pero creo que al final todo pasa por algo, es una ley demostrada en la vida, todo tiene su razón de ser, ¿Mi vida la tendrá?... Eso espero.

Capítulo I: Mi vida en si

Soy una chica normal, tengo el cabello castaño claro, ojos grandes y de color miel, mi piel es muy blanca y mido unos 166 cm, ni muy alta ni muy baja, en realidad en el tipo estándar. De contextura... Bueno ahí está el problema, tengo varios kilos de más, y ese es mi principal problema, pero creo que es un complejo personal, porque nunca he sufrido de bullying en el colegio ni nada por el estilo, quizás el bullying mas directo era que ninguno de los chicos que me gustaba me prestaban atención y mi conclusión siempre era "Es porque soy gorda". Y era lo más lógico, yo se reconocer quien es bonita y quien no, y al verme al espejo veo a una persona muy bonita, una cara perfecta y angelical pero, lo primero que ven los demás son los kilos que me sobran.

En la escuela tenia muchos amigos, era una chica muy sociable, a los chicos les encantaba estar conmigo y hablar conmigo porque solía ser chistosa y agradable al trato, en bachillerato me gustaron como 5 niños, de los cuales 1 solo mostró algún tipo de interés hacia mi persona pero... ¿Qué pasó? Tenía una novia y no podría hacerle eso a ella. Lo entendí y mi vida siguió.

Salí de bachillerato, logré graduarme, no era la mejor ni la peor del salón, la carrera que siempre quise estudiar fue medicina, pero en mi país es realmente difícil estudiarla y muy cara, había que tener un excelente promedio y el mío no entraba entre ellos, hice la prueba a la facultad 3 veces, hasta que me rendí y decidí buscar otra cosa que estudiar, lo que fuera para no quedarme sin hacer nada.

En diciembre de ese año todo estaba aburrido, ya no era lo mismo que cuando estaba en clases, los amigos se apartan, ya no nos veíamos, ya no salíamos y me sentía sola. Mi madre no acostumbra a hacer nada los fin de año si no hay más nadie de la familia, ella se coloca una pijama y a dormir. Ese día yo estaba demasiado aburrida y decidí encender el ordenador, me metí en un chat Online llamado: MiSlash y entre colocando como Nick mi segundo nombre Mishelle, y como presentación coloqué: "Hablen chicos que quieran tener una conversación amena, los interesados en otro tipo de cosas morbosas abstenerse". No me hicieron caso, me empezaban a escribir cosas referentes a sexo etc. Ya casi me iba cuando un chico me habló

—Hola Mishelle —Su nombre era Wolf a lo que respondí

—Hola Wolf feliz noche —Medio asustada y a la expectativa que no fuera otro acosador de esos.

—¿Cómo estás Mishelle? ¿Qué haces por aquí?

—Bueno un poco aburrida la verdad entré a este sitio a hablar con personas, de temas en común etc.

—Que bueno —Respondió- Yo también busco hablar de cosas en común, aquí hay personas muy fastidiosas y pendientes de otra cosa, ¿me das tu email y hablamos mejor?

Se veía un chico muy agradable a lo que respondí

—Si de acuerdo

Le di mi email y me agregó de inmediato. Lo acepté y cuando vi su foto me quede impactada...

Capítulo II: Conociendo a Wolf

Era realmente bello, se notaba que hacía ejercicio, tenía en su perfil una foto sin camisa, se le notaba el abdomen perfectamente formado, su cabello oscuro y sus ojos oscuros me impactaron, rápidamente pensé: "Ese no puede ser el, seguro es un modelo o algo así." Por si a caso cambié mi imagen a una más bonita, aunque no se podía hacer mucho pues no podía cambiar el hecho de que era gorda.

El me escribió primero

—Listo, por aquí hablamos mejor, no hay tantas ventanas abiertas.

—Eso es verdad —Respondí secamente sin saber que más decir.

— ¿Eres de la capital?

—Si, soy de caracas ¿Y tú? — Estaba nerviosa y sin sentido, estaba conociendo a un chico y por web, que gran progreso ¿no?...

— ¡Bien! Yo también soy de caracas, ¿Qué harás el 2 de enero?

Eso si que me agarró por sorpresa, era de caracas y me preguntaba que iba a hacer el 2 de enero... Lo pensé mucho porque han pasado tantas cosas por conversaciones y planes de encuentros personales en internet que me daba miedo responderle, le escribí a una amiga y le dije que si estaría libre el 2 de enero y me dijo que si, por si el me invitaba a algún lado le diría que si pero con una amiga, nada romántico pero las cosas no están nada fáciles como para confiar a la primera.

—Si estoy libre ¿Por? —Le respondí casi sin pensarlo para poder hacerlo

—Iré al mall con varios amigos, ¿Quieres ir?

—Si, pero ¿puedo llevar a una amiga?

Todo iba demasiado rápido, tan rápido que me sentía mareada, sentía que estaba cometiendo un error, que no estaba bien confiar tan a la ligera, pero había algo en mi que me decía que confiara, no quería que fuera una desesperación por conocer a alguien, pero cerré los ojos, sopesé las cosas y decidí que fuera como fuera si iba a ir, total era en un centro comercial, habría mucha gente e iba con una amiga.

—Si claro, lleva a quien quieras, estoy buscando amigas para que vayan y pasemos un rato en el mal.

—Seguro, ya le diré a una amiga

Enseguida le comenté a mi amiga Vanessa, ella respondió que si inmediatamente, como estaba aún asustada invité también a un amigo llamado Freddy. Luego que hable con ellos seguí hablando con Wolf.

— ¿Cuál es tu verdadero nombre? — Le pregunté sin vacilar

—Mi verdadero nombre es Jhon ¿Y el tuyo?

—Siobhan – Le respondí

— ¿La de la foto eres tu Siobhan?

¡Rayos! Ahí vamos, ya se dio cuenta que no soy su tipo, que no soy tan bonita y me dirá que mejor no nos vemos.

—Si, esa soy yo. —Le respondí y se me formó un nudo en la garganta esperando su respuesta

— ¡Eres muy bonita!

—Gracias. —Eso si no lo esperaba, dijo que era bonita y no solo eso sino MUY bonita, se curvó una sonrisa en mi boca y me lancé a preguntarle.

—Y el de la foto ¿Eres tú?

— ¡Si claro!

Aunque seguía sin creerlo

—Muy simpático. —Le dije para que no notara que me parecía espectacularmente bello.

—Gracias. ¿Tienes Facebook?

—Si claro ¿y tu?

—Si, agrégame

Y me pasó su facebook, lo agregué de inmediato.

No podía ser posible, en realidad si era el, tenía muchas fotos de el, muchos amigos más de 1000 y muchas fotos que comprobaban que de verdad era él y no un modelo, o bueno quizás si era un modelo y estaba hablando con el. La verdad es que me parecía el hombre más lindo que habían visto mis ojos, ojalá no coloqué la misma cara de tonta cuando lo vea en persona porque más nunca querrá verme.

—Listo ya te agregue —le escribí.

Duró rato para responderme, tanto que pensé seguro comenzó a ver mis fotos en el facebook y dijo: No esta no es la chica que quisiera que fuera al mall, y por eso dejó de responderme, para interrumpir mis pensamientos llegó un mensaje, mi corazón saltó de emoción, era el...

—Si ya te acepté, estaba viendo tus fotos. Eres una chica muy bonita —Volvió a decirme

—Muchas gracias tu también.

A partir de ese día hablamos mucho, hasta la madrugada, dormíamos una hora, nos despertábamos y volvíamos a hablar, hasta que llegó el tan deseado 2 de enero. Ese día muy temprano le escribí a mi amiga.

—Acuérdate que hoy vamos al mall, ¿Me puedo quedar en tu casa en la noche?

—Si claro, mi hermana luego nos pasa buscando y te quedas!

—Buenísimo Vane, ¡¡¡¡estoy nerviosa!!!!! —Le dije en forma de grito

—Tranquila todo va a estar bien, si resulta que no aparece el muchacho nos quedamos viendo una peli, cenamos y nos venimos a la casa.

—Si vane está bien.

Me arreglé lo más bonita que pude, me odié demasiado por no haberme planeado rebajar y que el muchacho me viera más bonita y en persona pudiera gustarle, retiré ese pensamiento de mi cabeza y continué arreglándome. Cuando se iba a hacer la hora, le escribí a Freddy.

—Oye Fredd nos vemos en el mall a las 2 pm ya casi Vane y yo vamos saliendo.

—Ok Sio ya estoy listo nos vemos allá.

Antes de salir por supuesto le escribí a Jhon.

—Hola, ya casi vamos saliendo Jhon, pero ohm, No tengo tu numero, ¿Cómo te aviso cuando estemos allá?

En menos de un minuto respondió

— ¿No tienes pin?

—Si claro, este es — Y se lo mandé

—Listo ya te agregué me dices por pin cuando lleguen para yo bajarlas a buscar o nos vemos en algún lugar.

—Seguro, ya vamos saliendo nos vemos.

—Nos vemos Siobhan un beso.

No pude responder a eso último así que guarde el celular y simplemente salí.

Capítulo III: Primer encuentro

Me encontré con Vane y Fredd en la entrada del mall, estaba demasiado nerviosa, mis cachetes estaban de un color rubí nada normal. Mis amigos se reían y se burlaban de mi y más mi cachetes se encendían. Cuando tuve la oportunidad le escribí

—Ya llegamos Jhon

—Yo estoy aquí también, estoy en el nivel feria, si quieres suben

—Ok —le dije

Me entró tanto terror de repente que no logré subir, decidí que mejor no iba a verle, tenía miedo de sentir rechazo en sus ojos, o que simplemente no fuera el chico de las fotos, no es que yo sea superficial o nada de eso, pero de verdad ese chico me hacía sentir algo muy genial y aún no lo veía en persona.

Les dije a mis amigos:

—Creo que lo mejor es no verlo, me da pena y miedo a la vez.

—Siobhan pero estas con nosotros —Me dijo Vanessa

—Sí, lo sé pero me da miedo igual no ser lo que él espera etc.

—Bueno lo que tú quieras hacer para mí está bien — dijo Fredd—Solo que si no lo vas a ver entonces subamos al cine y veamos una película.

—Si está bien Fredd, he querido ver una que se llama Tron, en los tráiler parece buena ¿Qué les parece? — les comenté

Los dos asintieron y subimos a comprar las entradas, en mi mente estaba el, lo que pudo haber sido si no fuera por mi temor, y me daba sentimiento dejarlo plantado, en la fila para comprar la entrada al cine me sonó el celular, era un mensaje de el...

— ¿Dónde estás? ¿Nos vamos a ver?

Sentí que la sangre me corría por las venas detrás de las orejas, sentí mucha presión y me dio lastima, pero mi miedo era aún más grande que aquel sentimiento y decidí no responder.

Compramos las entradas y nos dieron la factura para retirar las cotufas, había que hacer otra fila y yo pensando solo en el. Como Vanessa le había visto por fotos me dijo:

—Oye creo que el chico está justo en frente de nosotros, y te está viendo.

Era mi fin, sentí como la sangré me subía a la cabeza y como iba pasando mis mejillas de un blanco pálido a un rojo rubí en segundos. Miré de reojos y si, era el, definitivamente era él, bello, únicamente bello. Podría decir que un modelo se queda mal comparándolo con él, era como si estaba viendo un ángel, mi cara aun más roja. El me vio pero yo hice como si no estaba viendo a nadie, y me escribió un mensaje

—Te estoy viendo

Si, seguro quedaban pocos segundos antes de que me desmayara de tantos sentimientos encontrados. Giré la cabeza como si lo estaba buscando pero sin ver hacia donde el estaba y le respondí

—Yo no te veo

Si se me acerca si creo que me desmayaré. Ahí caeré tendida en el piso y las grúas están caras no sé cómo van a hacer.

—Jaja

¿En serio? ¿Jaja? Cuando veo de reojo, el venia hacia mí, me puse muy nerviosa, tanto que se me iba a caer todo lo que tenía en la mano, traté de controlarme pero no sé si él lo notó

—Hola Siobhan — Me dijo con una voz tan dulce, amable y única, mis piernas temblaron, mi corazón salto de emoción y de nuevo sentí que la sangre subió a mis mejillas

—Hola Jhon

Se acercó a mí y me dio un beso en la mejilla, les confieso que casi muero en ese instante, no sé cómo pude disimular tanto. Como pude le presenté a mis amigos y él me presentó a los suyos.

—¿Qué vas a hacer Siobhan? – Me preguntó clavando sus dulces ojos color café en los míos.

—Veré una película —Le respondí desviándole la mirada

—Wow yo también ¿Cuál verás tu?

—Tron – le dije rápidamente

— ¡Súper! Nosotros también veremos tron —Dijo con una gran sonrisa, sus labios eran perfectos, carnosos y muy bien formados.

¿De verdad? Destino eres un loco, es decir que aunque no le hubiese escrito me lo hubiese encontrado, y no creo en las coincidencias, todo pasa por algo.

Terminamos de comprar y entramos a la sala, el y sus amigos estaban lejos de nosotros, no tardó mucho en comenzar la película cuando lo hizo recibí un mensaje:

—Que genial que nos conociéramos Siobhan.

—Si fue muy genial Jhon –Le dije sin saber que más decir.

De pronto me llegó un mensaje de su parte que ojalá no hubiese llegado nunca...

Capítulo IV: Decepción y unión

—¿Cómo se llama tu amiga Siobhan? ¿Me das su número?

Me sentí devastada, claro es que era lógico, como le iba a gustar yo a un hombre así, era demasiado perfecto para ser verdad, y a decir verdad el merecía alguien como él, lindo con excelente físico etc. No seguí pensando en el asunto y le di el número

—Ahí lo tienes – le dije de manera seca

—Gracias Siobhan que bien que estén aquí.

—Si

Al salir del cine hablamos todos por un largo raro, pero ya no era lo mismo, yo veía sus intenciones con Vanessa y Vanessa no parecía rechazarle así que me resigne. Llegó la hora de irnos, nos despedimos y el quedó en escribirme y me dijo que le avisara cuando llegara y pensé dentro de mí: "Como si yo le importara, lo que quiere saber es si Vanessa llegó bien". Lo acepto, tengo demasiados traumas y complejos, pero nunca he sabido cómo salir de estos ni cómo controlarme.

Llegamos a casa de Vanessa y cenamos. El la agrego por pin, por facebook, y la llamó por el teléfono justo delante de mis ojos. Hablaron y quedaron en verse ellos dos un día... Mi tristeza era notable, aunque me la guardé y Vanessa no se dio cuenta, y como lo había dicho me escribió:

—Hola Siobhan, ¿Cómo llegaste?

No tenía ganas de responderle, pero ¿qué culpa tenía él? Ninguna, la culpa la tenía yo por no ser quien él merece.

—Hola bien ¿Y tú?

—Todo bien, aun estoy en el mall con mis amigos, fue genial conocerte a ti y a tus amigos

Sobre todo a Vanessa ¿no? Me respondía para mis adentros

—También fue genial conocerte a ti y a tus amigos.

—Le escribí o bueno mejor dicho llamé a Vanessa para invitarla a una reunión que habrá en casa de un amigo, y ahora te escribo a ti para que vengas

Me emocioné al leer pero de inmediato supe que era por cortesía

—Si está bien yo iré.

— ¿Todo está bien Siobhan?

—Si —supongo que se habría dado cuenta de algo pero no iba a entrar en detalle porque no tenía lógica alguna.

— ¿Qué tipo de canciones te gustan?

Leí la pregunta y decidí guardarme mis sentimientos y seguir hablando con él.

—Pues me gusta el Pop Rock, la música clásica etc., y ¿a ti?

— ¡Qué bien! A mí me gusta mucho el rock, el reggaetón para nada me gusta, concuerdo con tus gustos.

—Jaja que bien, algo en común.

—Sí y eso es maravilloso, seguro nos llevaremos genial.

—Seguro que si —le respondí aunque un poco decepcionada por todo lo que había pasado.

A partir de ese día todo fue genial, nunca dejábamos de hablar, teníamos muchas cosas en común y eso era perfecto, yo sabía que no le gustaba como mujer pero al menos tendría un muy buen amigo, nos dormíamos hablábamos por Skype, me preguntaba cosas sobre música, hablábamos sobre películas y gustos, me pedía consejos para cualquier cosa y estaba muy a gusto hablando con él. Fueron muchos días, si mal no recuerdo más de un mes que duramos hablando siempre, tanto que me preguntaba si le daba tiempo de charlar con otras personas que no fuera yo.

La invitación de ir a la reunión de su amigo seguía en pie, y Vanessa no iría pero yo aún estaba invitada y el me preguntó que si iba a ir.

—Si iré Jo —Ya teníamos más confianza entre nosotros y nos llamábamos con diminutivos

—Que bueno, y podríamos hacer muchas cosas ahí…

¡¡¡¡Ay!!!! ¿Eso que fue? Me agarró por sorpresa, ¿A qué se refería? No podía hacerme ilusiones ni mucho menos pero eso era algo amplio… hacer muchas cosas… Duré un rato para responderle hasta que me decidí

— ¿Muchas cosas como qué? —le pregunte con el corazón acelerado

—Cosas como volvernos a ver en persona, hablar frente a frente, tomarte de la mano y hablar cerca…

¡Oh por Dios! Esto estaba pasando de claro a oscuro. ¿Pero si yo no le gustó porque dice cosas como esa? De verdad me estaba ilusionando, pero no tenía el valor para preguntarle de frente a qué se refería o si estaba jugando conmigo, así que decidí seguirle la corriente aunque nunca había hablado así con ningún hombre.

—Sería muy genial eso Jo.

—Sí, podríamos conocernos mejor, compartir, estar cerca uno del otro.

—Bueno la verdad te vi una vez y ya extraño verte.

—Yo también extraño verte Sio, me caes muy bien la verdad, Y deseo que nos veamos de nuevo.

—Yo también deseo que nos veamos de nuevo, ya mañana será ¿no?

—Si claro mañana. Yo te paso buscando por la estación de metro y nos vamos a la casa de mi amigo ¿te parece?

—Si de acuerdo Jo, ¿A las 7 está bien?

—Si Sio, perfecto. Nos vemos entonces linda, feliz noche.

—Feliz noche Jo —Dije sin agregar nada más como si no me hubiese dado cuenta del "linda"

—Que poco cariñosa, podría jurar que me odias.

—Tú y tus bromas Jo, jaja que pases linda noche, descansa. —Y así culminé la conversación y apagué el ordenador.

Capitulo V: Segundo encuentro

El tiempo pasó volando, el día pasó y ni cuenta me di, llegó tan anhelada hora, faltaban 5 minutos para las 7 cuando recibo un mensaje.

—Ya estoy en la estación de metro esperándote Sio.

Se me puso la piel de gallina y se curvó una leve sonrisa en mis labios. Era cierto, ya estaba ahí y me estaba esperando, giré la cabeza en forma de negación para cortar el hilo de mis pensamientos y poder tomar mi bolsa e ir a encontrarme con él.

Al llegar a la estación lo vi, iba vestido de manera deportiva, una gorra negra su cabello se salía por los lados en hermosos rulos, tenía una franela blanca, un short negro y unos tenis negros. De pronto sentí que desentonaba, pero no, la verdad en mi mente había otra persona que no era yo, tuve que mirarme a ver cómo iba vestida porque de pronto se me había olvidado. No desentonaba en lo absoluto, todo lo contrario si nos hubiésemos puesto de acuerdo no sale tan bien, yo llevaba un short de jean, una franela azul y unos tenis negros. El me vio, sonrió y se acercó a mí.

—Hola Sio, que bonita estás —Dándome un abrazo y un tierno beso en la mejilla.

—Hola Jo tu también los estás —Le respondí.

— ¿Lista para irnos? —Dijo sonriendo

—Si por supuesto. —Concluí

Íbamos uno al lado del otro peligrosamente cerca, el me hablaba de muchas cosas y yo pensaba solo en lo hermoso que era y lo bello que se curvaban sus labios al hablar y sonreír. La casa de su amigo Sergio no quedaba tan lejos de la estación de metro, llegamos tan rápido que me decepcioné, quería estar más tiempo hablando con él a solas pero ya no se podía.

—Hola hermano —saludó Jo a Sergio

—Hola hermano, que bien que llegaste—Le respondió Sergio rápidamente.

—Hola Siobhan ¿Cómo estás? No hablamos mucho el día del cine, incluso no te debes acordar de ninguno pero bienvenida.

—Muchas gracias Sergio—Y me encogí de hombros

— ¡Hola! —Gritó Otto

—Hola que tal—Le saludé cordialmente

—Bueno Jhon, ya compramos las bebidas, tenemos un juego de mesa y ya buscamos la música que queremos poner. —Le dijo Sergio

—Muy bien hermano, ¡Hey Sophi ven! — haciéndole señas a una chica que está sentada justo en una esquina de la sala de la casa.

—Siéntate Siobhan estás en tu casa —musitó Sergio

—Mira Sophi, ella es Siobhan una gran amiga, Sio ella es Sophi una buena amiga, nos conocemos desde hace mucho ¿Cierto Sophi?

—No tanto así pero si jaja, un placer Siobhan— Extendiendo su mano hacia mí.

—El placer es mío —le dije extendiendo mi mano y sonriéndole.

La noche transcurrió con normalidad, las únicas chicas que estábamos en la reunión éramos Sophi y yo y había 4 chicos, Jhon, Sergio, Otto y Dant. Jo me ofreció una bebida la cual acepté sin ningún tipo de desconfianza. Todos estaban bebiendo y ya llegó un momento en que me sentí mareada ojo de tanto beber, todos estaban ya mareados y hablando demasiado y con muchas risas, los chicos plantearon hacer un juego con dominó y el que perdía tomaba un poco, las chicas perdíamos constantemente...

Ya decidí no tomar más, de pronto recibí un mensaje en mi celular, era Jo me impacté pero enseguida lo leí

—Sio, ¿te parezco atractivo?

Ahí vamos de nuevo... ¿Qué buscaba? Si se le notaba que no sentía nada por mí, que yo no le gustaba ni un poco. Igual le respondí

—Si lo eres —De manera seca y directa

—Tú también eres atractiva, y tu personalidad es muy genial me encanta eso.

Me intrigaba el por qué de su pregunta y le escribí

— ¿A qué viene tu pregunta Jo?

—Curiosidad, solo que veía tus labios y me provocaba darte un beso

Mi corazón saltó de emoción, pero los dos estábamos un tanto tomados, quizás era que me veía bonita por los tragos demás que tenía encima, o simplemente no estaba en sus casillas por eso decía esas cosas, mi corazón se paró y la ilusión se hizo polvo.

—Tus labios son muy atractivos también Jo, son carnosos y muy bien formados. —Me rendí ante la posibilidad de que me diera un beso, sin importar que fuera por efectos del alcohol, tan solo quería probar sus labios, acercarme a él y sentirlo cerca, sentir su aliento y perderme en su mirada.

—Ya casi todos se dormirán, todos tienen cara de sueño. ¿Quisieras que nos encontráramos en la cocina luego de que ellos se duerman para hablar mejor?

Sin pensarlo dos veces acepté

—De acuerdo Jo.

Y así pasó todo, los chicos y Sophi se quedaron dormidos, unos en las camas, otros en colchones en el piso, los únicos despiertos éramos Jhon y yo, y la verdad tenía mucho sueño, estaba mareada pero no podía dejar ese asunto para después.

Jhon me habló

—Sio ven—Dijo estirando su mano para que le diera la mía

—Ok —Le di mi mano y caminamos juntos a la cocina

Era la sensación más rica que había sentido, que me tomara de la mano como si fuéramos novios, como si fuéramos algo más.

Me volteó rápidamente al llegar a la cocina, sus manos se fijaron en mi cintura como quien no ha visto a alguien en muchos años, nuestras caras estaban muy cerca, tan cerca que sentía su respiración, sentía los latidos de su corazón y sentía en el euforia, adrenalina, su aliento era delicioso, olía a mentas y canela con algún otro elemento que no pude deducir. Su aroma me embriago por completo y me envolvió en un néctar de delicia. Me tenía en sus manos, yo era de él y el mío en ese instante. Poco a poco se acercó a mí, tan lento que parecían siglos cada movimiento, cuando de pronto sus labios rozaron los míos, mi cuerpo se estremeció, el corazón se aceleró tanto que pensé que se saldría del pecho. Sus labios eran suaves, muy suaves y delicados, nos besamos, y sus besos eran tiernos, delicados, suaves, amorosos... Pensé que serían fuertes, aguerridos y urgidos, por cómo había notado esa adrenalina en el. Pero no, sus besos eran tan delicados, tan sutiles que se podría pensar que estaba besando al amor de su vida, a la mujer de sus sueños. Yo sabía que no era así, que no estaba ni cerca de serlo pero me conformé con pensar que lo era en ese instante.

Nos besamos el resto de la noche, hasta que nos fuimos a la sala y nos acostamos en un colchón en el piso, nos seguimos besando acostados y nos quedamos dormidos uno al lado del otro.

Capítulo VI: De vuelta a la realidad.

Al despertarnos seguíamos en el mismo colchón juntos, Me saludó con un beso en la mejilla y me di cuenta que la magia había terminado, que lo que había pasado anoche no era más que una locura, algo pasajero y ya.

Todos se levantaron e hicieron cada uno sus cosas, yo me alisté y me preparé para irme sola, aunque sabia como iban a ser las cosas mi decepción no era normal y prefería irme sola.

— ¿Ya te quieres ir Sio? —Dijo Jhon sorprendido

—Si debo irme ya, tengo cosas que hacer, compromisos familiares.

—Solo dame unos minutos y te llevo al metro —Dijo desapareciendo hacia los cuartos.

No quise hacer escándalos refutándolo, simplemente asentí y esperé, estuvo listo en menos de 5 minutos. Me despedí de los chicos y de Sophi, eran muy buenas personas la verdad, todos me parecían excelentes.

En el ascensor el me dijo

— ¿Qué tal dormiste Sio?

—Muy bien Jo gracias ¿Y tú? —Dije en un tono seco como si no hubiese pasado absolutamente nada.

—Muy bien la verdad, aunque tengo dolor de cabeza.

—Deberías llegar a tu casa y dormir un rato más, Quizás sea eso.

—Si tienes razón eso puede ser. También la cantidad de alcohol que ingerimos, eso influye mucho.

—Si totalmente de acuerdo.

Seguimos caminando en silencio hasta que llegamos al metro

—Bueno Sio, nos volveremos a ver pronto ¿No?

—Sí, siempre y cuando me digas con anticipación para yo saber y no planear otras cosas. —Dije secamente sin ninguna expresión

—Si claro, de todas maneras seguiremos hablando por mensajes y por email —Dijo con una bella sonrisa como solo el sabe hacerlo.

Yo asentí, no dije nada más le di un beso en la mejilla me di la vuelta y me perdí rápidamente en el camino al vagón No voltee a ver si me veía o se había ido, eso me iba a decepcionar una vez más y ya eran muchas decepciones en tan poco tiempo.

Al llegar a casa me tumbé en la cama, no tenía nada que hacer en realidad, solo quería venirme de allá lo más pronto posible, necesitaba pensar rápido y concreto en todo lo que había pasado. No debía permitir que eso sucediera de nuevo, el no sentía nada por mi y eso no estaba bien. ¿Será un juego para él? ¿Apostaría con alguien? Tantas cosas se me venían a la mente… me dolió mucho la cabeza y pronto me quedé dormida.

Al despertar ojee mi celular y tenía 3 mensajes de el

—Sio, ¿Llegaste bien?

— ¿Por qué no respondes? me preocupas.

—Seguro debes estar haciendo lo que tenias que hacer, en lo que puedas me escribes para saber que estás bien.

Bah, tonterías. Pensé para mis adentros

Continué mi vida de manera normal pensando cada instante en él, y eso hacia mi día muy pesado. Como no respondí sus mensajes me llamó

—Aló ¿Sio?

— ¿Si?

— ¡Rayos! Por qué no me respondías Sio estaba preocupado, pensé que te había pasado algo.

—Tranquilo no te preocupes, no me paso nada Jo, solo he estado muy ocupada con quehaceres.

—Oh bueno entiendo, cuando termines me escribes para hablar, necesitamos hablar ¿No crees?

Seguro me diría que lo de ayer fue un error etc.

—Si claro, dame algunos minutos y te escribo.

Esperé unos 20 minutos acostada en mi cama viendo el techo para que no pensara que deje de hacer mis cosas por él.

—Listo Jo, ya podemos hablar.

Enseguida me respondió

—Hola Sio, espero estés bien. Tenemos que hablar de lo de anoche ¿No te parece?

—Si adelante, ¿Qué deseas decirme?

—Bueno Sio, tu eres una chica muy especial, pero la verdad no sé que me pasó anoche, yo en este momento no deseo tener nada con nadie, no estoy bien emocionalmente porque me han pasado muchas cosas y no quiero estar con nadie aún. No quiero perder tu amistad porque me encanta como eres.

Tuve que releer las líneas una y otra vez, cada línea dolía más que otra. Aunque yo sabía que era así, y había aceptado el riesgo no pensaba que iba a doler tanto. Respiré profundo y le contesté.

—Te entiendo Jo ¿Amigos?—Le respondí tragándome todo lo que sentía en ese momento, rabia, frustración, dolor.

—Pero ¿todo estará bien? ¿No arruine nada?

Lo arruinaste todo pensé

—No arruinaste nada Jo—Le mentí

Eso pasó, mi dolor era inminente, no era como si me arrancaran algo del corazón puesto que amor aún no sentía... al menos aún. Pero si dolía, y no sabía cómo hacer para que dejara de doler.

Seguimos hablando, pasábamos tardes enteras pegados al ordenador hablando de tonterías, de películas, de cosas que nos gustaban hacer, pero aún me sentía mal. Recordaba aquellos besos que parecían tan reales... ahora forman parte de un gran sueño, un sueño del que nadie se quiere despertar, pero como siempre la gente se despierta de los más fabulosos sueños y yo no era la excepción. Pasaron días y más desde aquel primer día... La vida pasaba con normalidad e incluso me propuse tener un régimen alimenticio mejor para bajar de peso y poder gustarle patético ¿cierto? Pero así lo hice.

Seguían ocurriendo encuentros entre nosotros y ¿Quieren adivinar? Volvía a pasar lo mismo, muchas veces sin una gota de alcohol encima. Volvíamos a besarnos apasionadamente y al día siguiente como si nada pasaba... ¿Cómo podía formar parte de semejante locura? No lo sé, simplemente todo fluía y se me escapaba de las manos, yo no tenía control de mi misma en esos momentos, su olor me invadía por completo y era completamente suya...

En una ocasión me invitó a su casa

—Sio ¿Quieres venir a mi casa y quedarte? Estará mi mamá claro está.

Esa aclaratoria no bastaba para mi, a pesar de ello en mi se prendió una chispa de emoción, de adrenalina increíble. ¿Qué podría pasar? ¿Yo en su casa, solos en un cuarto? Era mucho para mi pobre corazón, ha saltado en este tiempo que llevo conociéndolo demasiadas veces, si los corazones se detuvieran por cada salto que dan, el mío estuviera pulverizado.

—Sería genial. ¿En dónde vives?

Yo aún no sabía

—Vivo cerca del metro de bellas artes. Mi mamá te pasaría buscando porque yo debo arreglar unas cosas antes que vengas.

Y ahí estaba de nuevo mi corazón como loco, queriéndose salir de su lugar.

—De acuerdo, le comentaré a mi madre y ya te escribo —Concluí

El tenía 19 años y yo 17, tenía que consultarle a mi madre esa locura, le conté como había pasado todo y que varias de las salidas anteriores eran con esos chicos y le mentí, le dije que nos quedaríamos todos, y solo me quedaría yo, sino estaba completamente segura que no me dejaría. Al final cedió, me dio el voto de confianza y le escribí a Jhon

—Ya hablé con mi mamá, si me dio su autorización —Le teclee rápidamente

— ¡Estupendo! Ya le diré a mi madre que te busque entonces. ¿Te parece en una hora?

¡Dios santo! Era demasiado pronto, tenía que bañarme, arreglarme, etc.

— ¿Puede ser en dos?

—Claro Sio, tú dices y yo cumplo.

Me terminó de volver loca cuando leí eso. Era tan bello y perfecto pero al mismo tiempo tan raro...

Me arreglé lo mejor que pude, me tomé mi tiempo pero lo hice lo más rápido que podía, me rocié mi mejor perfume y mi mejor brillo de labios estaba ya posando en ellos. Faltaba media hora para el encuentro, y no quedaba lejos de mi casa por ello estaba un poco más tranquila.

Salí de mi casa confiada, decidida y firme, no podía mostrarme ante él como que me tenía en sus manos. Llegué al lugar de encuentro y me estaba esperando una señora, me saludó porque me había visto por foto.

—Hola Siobhan ¿No?

— ¿Señora Norma?

—Si chica un placer. ¿Nos vamos de una vez? Hay que pasar por el súper a comprar algunas cosas que hacen falta.

—De acuerdo señora Norma —Respondí rápidamente.

Fuimos al súper y compramos algunas cosas que a ellos le hacían falta, no quiso que yo la ayudara a pagar la cuenta y salimos de ahí rumbo a la casa donde se encontraba el.

Llegamos al apartamento, era muy lindo la verdad, con muebles negros y un comedor transparente que resaltaba entre las cosas, de pronto lo veo caminar por el pasillo que daba a la habitación de la cual salía, estaba especialmente bello o no se si era que lo estaba viendo con los ojos del cariño, pero me parecía el hombre más bello del mundo, se le curvó una sonrisa en sus hermosos labios y caminó más rápido.

— ¡Hola Sio! Que espectacular que estés aquí —Dijo apretándome por la cintura con cariño.

Yo le respondí el abrazo y le dije

—Si Jo es ¡súper! —Y lo apreté aún más.

Disolvimos el abrazo y nos quedamos hablando en la sala unos 20 minutos, su madre se despidió y se fue a su habitación, en eso el me dice:

— ¿Quisieras conocer mi habitación?

Se me puso la piel de gallina

—Si claro —Le respondí de inmediato

Me tomó de la mano y me llevó a través del pasillo justo a la habitación de la cual había salido antes.

—Wow, es bella Jo —Dije asombrada

Su habitación era hermosa, de todo un hombre, tenía cortinas largas en azul oscuro metalizado, una cama de madera espectacular. En el closet estaba otra cortina hecha con la misma tela de las cortinas de las ventanas, era muy acogedor y lindo.

—Puedes hacer lo que quieras Sio

¿Lo que quieras? Wow, era esa una invitación realmente abierta.

—Puedes poner música en la computadora si quieres

Le hice caso y me senté en el ordenador y busqué música, mi mente se quedó en blanco, el estaba justo detrás de mí, y se acostó en su cama, no podía verlo, pero si podía imaginármelo...

De pronto recibo un mensaje en mi celular y era el

— ¿No te gusto?

¿Qué? ¿Estaba loco? El sabía que me encantaba, ¿A qué venía esa pregunta?

Me giré en la silla del ordenador y le dije

— ¿A qué viene esa pregunta?

—Es que como estás ahí y me ignoras.. —Dijo entrecerrando los ojos

—No digas eso no te ignoro, estoy buscando música como dijiste —Dije casi sin aliento de los nervios

— ¿Quieres venir aquí?

Ok, las cosas estaban así, estábamos justo en su cuarto, con la puerta cerrada, la luz apagada solo nos podíamos ver por la luz del ordenador, el estaba acostado y me pedía que me acostara con el ¡Oh oh!

Moría de miedo como una niñita pequeña, pero sin pensarlo mucho me levanté del ordenador, cuando él me vio levantada hizo un lado para mí en la cama y me tumbe con él. Abrió sus brazos para que reposara mi cabeza en su pecho...

Que sensación tan espectacular, por mi cuerpo corría demasiado miedo, mucha adrenalina y pasión. Con una de sus manos tomo mi cara y comenzó a besarme, como siempre un beso tierno, apasionado, pero esta vez se notaba necesidad en el, una necesidad enorme. ¿Pero necesidad de qué?

Capítulo VII: Mi virtud

Sus manos corrían por mi cuerpo, ansiosas y desesperadas, aunque nunca dejó de ser dulce y tierno. La cama estaba prendida en llamas, el me besaba y yo simplemente me dejaba, cada caricia era dulce, tierna, respetuosa; por donde su mano pasaba dejaba estelas de fuego, y me ardía cuando su mano dejaba de tocarme. Era la sensación más bonita y pura que había sentido en mi vida.

Sus manos se deslizaban por cada prenda de mi ropa como el amanecer por las mañanas, lento, imponente pero seguro. A su paso iban desapareciendo las mismas, las de él también desaparecieron por mi cuenta, y cuándo ambos yacíamos en la cama como Dios nos trajo al mundo, él fue el dueño y señor de mi virtud, le entregué sin más, todo lo que yo era, mi esencia, lo más importante que tiene toda mujer.

Fui suya y el mío, como en algún momento soñé que pasaba, pues el sueño se hizo realidad y a gran escala.

Cuando estuvimos en aquella cama, viéndonos el uno al otro fijamente luego de aquel mágico momento el habló

—Sio me encantó, eres una esplendida mujer, me encantó —Culminó suspirando

—A mí también me encantó Jo, —Dije sin agregar nada más, no era un momento para las palabras, era un momento para el silencio, la tranquilidad y la reflexión mutua. El rompió el hilo de mis pensamientos

—Oye Sio, estas más delgada, tu cuerpo está más refinado ¿Estás haciendo algo?

Se había dado cuenta, al menos tantas horas intentando hacer ejercicio y comiendo mejor habían rendido sus frutos.

—Sí, he estado comiendo mejor y haciendo ejercicios Jo —Dije soltando una risita

— ¡Que impresionante! En tan poco tiempo has logrado bajar muchísimo de peso, te felicito te ves hermosísima.

—Gracias Jo —Dije sonrojándome de inmediato

El me tomó por el brazo y me llevó hasta su cuerpo, me dio un tierno beso y le rectifiqué en ese instante que mi virtud era suya.

Todo aquello pasó, fue maravilloso y único, no me arrepiento de eso porque siento que él es el hombre de mi vida y con quien tendré mis futuros hijos, un poco rápido va mi mente pero así lo siento.

Pero ¿Qué? No éramos nada, seguíamos sin ser nada. Esa escena ocurrió una y otra vez, incluso llegué a quedarme en su casa todo un fin de semana, y pasado el tiempo me quedaba cada fin de semana. Pero él hablaba con otras chicas, él no era completamente mío, se podría decir que esto era como un juego para él. ¿Pero no lo veía? Yo me estaba muriendo por el y no quería que nada fuera un juego, pero caía, siempre caía y me dejaba llevar, era simplemente una amiga con derechos, nada más y yo siempre quería algo más...

Un día pasó lo que me temía y no quería por nada del mundo asumir.

Conocimos a una amiga, tuvimos mucho tiempo hablando con ella y un dio la invitó a su casa igual que a mí, estábamos los tres en la habitación, de pronto ellos se van a la sala y yo me quedo en el cuarto en el ordenador. Yo sabía de la presencia de unos preservativos de él en un bolso, el entró a su cuarto y sacó el bolso que precisamente tenia los preservativos y los llevó a la sala, esa noche tuvieron sexo en el baño.

Mi alma, mi vida, mi ser, mi espíritu se desplomaron por completo. Yo no era más que otra, no tenía nada de especial y nunca lo tendría, me sentí mal, sucia, maltratada, burlada. Y lo peor de todo es que tuve que disimular que no sabía nada porque no podía irme a esa hora de esa casa.

Me contuve en darle una cachetada, en insultarlo, ella no sabía nada de lo que había pasado entre nosotros por ende no tenía nada que ver en el problema.

El problema era él, un chico falso que me hizo creer en muchas cosas, o bueno yo me las creí sola y en eso fallé enteramente.

Quizás si se hubiesen planteado reglas en nuestra "relación" no estuviera tan dolida, pero el tema nunca se tocaba… nunca. Hasta que el mismo decidió tocarlo el día después de la situación con la chica.

—Sio ¿Qué sientes por mi?

—Me gustas —Le respondí rápidamente

—Pero ¿te gusto así como para pasar el rato o para una relación sería?

—Como para una relación seria —Afirmé

No respondió sino en más de 20 minutos

—Wow, esto sí que no me lo esperaba, yo te quiero, pero, no siento aún que esto pueda pasar a algo serio, lo que te puedo dar es que seamos amigos con derechos y probemos a ver qué tal nos va.

No esperaba más de él a estas alturas, y como no quería quedar como una chica antigua le dije

—Ok está bien, eso seremos.

— ¿De verdad estás de acuerdo?

—Si

Continuamos hablando pero ya no del tema. Se encontró con otra chica y me hizo lo mismo, en la casa de él, y con la chica del primer encuentro lo volvió a hacer pero en la casa de ella que nos invitó a nosotros y a Otto.

Cosas bonitas ya no esperaba de el, mi percepción de él había cambiado, aún así lo quería, incluso ya estaba perdidamente enamorada de el. ¿Cómo iba a hacer para sacarlo de mi mente? ¿Cómo iba a hacer para arrancarlo de mi corazón?

Y entonces decidí sacar un clavo con otro clavo. Un chico que me estaba hablando para salir, ojo, ya a estas alturas había rebajado 40 kilos, de 115 a 75 Kg, y me veía espectacular, realmente bella. Tenía varios pretendientes por ese hecho, como yo decía el físico para los hombres lo es todo. Yo pensaba que para Jhon no porque él me conoció así, incluso me beso y estuvimos juntos cuándo yo aún estaba con sobrepeso pero ya no importaba eso.

Le acepté la invitación a un chico llamado Antonio, me dijo para ir a un club español y almorzar. Cuando me lo encontré me dio un ramo de rosas y una tarjeta, no sentí ni lo más mínimo porque no me gustaba, no sentía nada por él. Le tomé fotos a los regalos y al almuerzo también y coloqué la foto de perfil en el pin, no pasaron ni 5 minutos cuándo Jhon me escribió

— ¿Eso te regaló? Que cursi jaja

Yo le había comentado que saldría con un chico, siendo amigos con derechos a el que le iba a importar. Pero claramente ese mensaje venia con una nota de celos, de eso estaba segura.

—Cursi pero me encanta Jo —Rematé para que se sintiera peor

—Jaja

Eso fue lo único que respondió, los celos no le dejaban responder otra cosa. Pero... ¿Celos? Si una persona siente celos por otra es porque hay un sentimiento de por medio...

Continué mi almuerzo y al terminar cada quien se fue a su casa, continué hablando con Antonio por mensajes pero de una manera amigable, no podía pasar de ahí porque realmente no sentía nada.

— ¿Cómo te fue al final con el chico cursi?

—La verdad muy bien Jo, me encantó el almuerzo, las flores y la tarjeta, realmente maravilloso —Repliqué para que se pusiera más celoso.

—No recuerdo que te gustaran las flores

—Entonces no me conoces bien porque me encantan

—Ya lo veo —Fue lo único que pudo decirme.

Más nunca hablé con Antonio, de verdad fue todo muy lindo, pero él no me gustaba, y yo sabía lo que se sentía no ser la única persona del ser amado y que no te correspondieran como deseabas y le dije que mejor buscara a alguien que si lo mereciera, alguien que le diera todo lo que él quería recibir sin restricciones, sin frenos y sin problema, él aceptó rápidamente y lo entendió, eso me alegró mucho... como dicen por ahí no hagas lo que no te gusta que te hagan.

Las cosas con Jhon iban iguales, solo que no hubo ninguna otra chica, nos seguíamos viendo y seguíamos siendo los mismos, como si estuviéramos locamente enamorados pero él no terminaba de asumir eso.

Capítulo VIII: La decisión

Estábamos acostados en su cama como de costumbre, el me miraba fijamente y en sus ojos se veía amor, amor del bueno y yo aún no entendía porque no podía aceptarlo. El me contó el daño que le hicieron en el pasado las chicas y por eso el era así, pero ¿acaso no se ha dado cuenta que yo lo amo?, debería pensarlo y arriesgarse a construir algo juntos.

De pronto de mira de manera seria y me toma la mano, era un 22 de abril de 2011 a las 1 am de la madrugada.

—Sio ¿Quieres ser mi novia?

Mi mundo tuvo sentido, mi razón de ser volvió y todo dio un giro inesperado. El lo había entendido, se había rendido ante lo que sentía y decidió darle una oportunidad a nuestros sentimientos, fue el momento más feliz de mi vida, sin dudarlo le respondí

—Por supuesto que si

Le di un tierno beso y sellamos nuestro noviazgo.

Al parecer se sentía raro con esa palabra novios por el medio, cambió y estaba más distante, duraba horas sin responderme, se desaparecía por completo y yo no sabía nada de el. Eso ocurrió por una semana, una larga semana que yo no sabía que hacer... ¿Fue un error entonces? Yo pensaba que iba a ser diferente, ¿Por qué se porta de esa manera? Y en ese instante me di cuenta que no estaba preparado, que no sabía qué hacer y que se sentía ajeno a la relación y decidí escribirle.

—Oye Jo, creo que como amigos con derecho estábamos mejor. Si no estás preparado para una relación solo dime —Le dije con desesperación que obviamente no se notaba en letras. Respondió enseguida

—No me siento muy bien, me siento raro la verdad, y no es tu culpa Sio, tu eres maravillosa, solo soy yo que no sé como sobrellevar esto.

No le respondí y decidí darle su tiempo para pensarlo, ahora que había decidido hacerlo se había arrepentido o no estaba conforme…

Seguimos siendo novios y todo poco a poco fluyó, estábamos todo el tiempo juntos, dejamos de ir a casa de Sergio y no vimos más a ninguno, lo único que hacíamos era ver películas y tener planes solo en pareja. Las cosas iban de maravilla, me encantaba estar con el, me encantaba ir con el tomados de la mano, recostarme en su regazo, robarle besos en la calle, mientras comíamos helado llenarle la nariz, realmente éramos muy felices. Todo aquello que teníamos que averiguar, lo hacíamos juntos, no nos molestaba vernos todos los días si era posible ya que era lo que más deseábamos recuerdo claramente un día que fuimos a comer helados.

—Amor ¿De qué lo quieres? —Me dijo con ternura

—De mantecado con fresa amor.

— ¿No te gustaría chocolate amor? En helado es muy rico —Quería convencerme no sé por qué.

—No me gusta el chocolate en helado amor, tú lo sabes —Dije haciéndole pucheros.

—Está bien, lo que la princesa desee —Concluyó

Era un amor muy bonito, aunque todo fue contado de manera rápido en estas líneas, duramos de amigos un año y luego de ese largo año conociéndonos fue que nos hicimos novios, digo largo porque para quien ama y no está con la persona que le despierta tan maravilloso sentimiento, el tiempo pasa muy lento, y cuándo por fin estás con esa persona y estás como siempre deseaste estar, feliz, a gusto, el tiempo pasa volando, se esfuma de una manera insólita.

Vivimos muchos momentos hermosos, chistosos e inolvidables, entré a la facultad de Humanidades y Educación de la Universidad Católica Andrés Bello a estudiar Educación Inicial, ya que me encantaban los niños y decidí probar que tal me iba en esa carrera ya que medicina por ahora era imposible, Jhon me apoyó en todo, incluso el quería estudiar en esa universidad también para estar juntos pero ya estaba estudiando en otra. Siempre me acompañaba a la universidad.

— Amor ¿Comemos hamburguesa en el cafetín? Escuché hablando a unos chicos en el Fashion Boulevard y decían que eran estupendas —Dijo con emoción

—Si por supuesto, solo por hoy ¿Está bien? No puedo perder lo que he ganado hasta ahora —Dije poniendo los ojos en blanco y guiñándole un ojo.

— ¡Ay si! La señorita está comiendo sano y por ello no puede acompañar a su novio que la ama —Dijo en forma de burla

—Así es —Le afirmé sacándole la lengua

Todo era maravilloso, las cosas que hacíamos las proponía él, y yo simplemente las aceptaba porque me parecían genial o eso mi corazón creyó por mucho tiempo... Yo nunca planteaba lo que deseaba hacer, me daba temor proponer algo que a él no le gustara, además ya le conocía lo suficiente como para saber qué cosas que yo quería podían gustarle o no, fastidiarle o no, y nunca le di la oportunidad de opinar sobre lo que yo quería hacer, nunca propuse nada y él tomaba mi lugar en todo ese aspecto. Nunca me molestó.

El tiempo pasó y como todo, las cosas cansan y todo se va deteriorando. Mi amor por él seguía intacto pero sentía que el era injusto y solo le importaba lo que él sentía y lo que él deseaba. Estaba realmente frustrada por ello, a diario pasaban muchas cosa con las cuales no concordaba pero yo no hablaba, yo siempre dejaba que él hablara y mi opinión la oprimía. Era algo que yo había permitido ¿Qué iba a hacer? Él pensaba que yo estaba a gusto con todo puesto que no había ningún reclamo de mi parte, y yo se que fallé, fallé demasiado, porque llegamos a este punto por mi culpa.

Y llegó el día en que no aguanté más, el día en que plantee lo que yo quería y tal cual como sucedía con él no me iba a importar lo que el pensara, iba a hacer lo que yo creía correcto, y lo mejor para mi sin importar qué me llevara por delante.

Encontré una ficha para ir a estudiar al exterior por un año, sin dudarlo investigué sin decirle absolutamente nada a él, hice todo lo pertinente para el viaje y cuando tenía todo listo le dije

—Tengo algo que comentarte amor

—Dime mi vida ¿qué es?

—Me voy del país a estudiar inglés, me voy a Inglaterra por un año.

Duró 30 minutos en responderme, incluso no lo hizo me llamó por el celular

— ¿Cómo es eso? Dime que es mentira lo que me estás diciendo, ¿Cómo vas a decidir algo así sin consultarme? ¿Cómo me vas a hacer esto? Irte y dejarme aquí como si no fuera nada.

—Es una decisión tomada, por fin haré algo por mí, algo que quiero hacer para mí y por mi bienestar —dije de manera seca y distante

— ¿Cómo? Si no estabas conforme con algo ¿Por qué no lo dijiste? No es Justo Siobhan, Yo te amo y no deseo que te vayas Vamos a hablar ¿Si?

—Ya es tarde, el curso está pago y me voy en 2 meses, ya tengo el boleto en mano.

— ¿Cómo pudiste hacerme esto Siobhan? Cualquier problema pudimos haberlo resuelto juntos, en pareja. No debiste tomar esa decisión así, eres muy egoísta.

Y esa fue unas de las últimas conversaciones que tuvimos. Luego de eso terminamos, a él no le parecía justa la decisión pero a mí sí, me parecía totalmente justa, y no iba a desaprovechar esa oportunidad porque no se me iba a presentar otra.

Duramos un mes sin hablar, su madre me comentaba que estaba deprimido, que no comía, que no dormía y que lo que hacía era puro llorar. ¿Y yo? ¿Y lo que yo sentía? ¿Eso no importaba? Yo lloraba todas las noches, y me cuestionaba la decisión tan apresurada pero ya todo estaba listo. Me dolía el simple hecho de pensar que el pudiese estar sufriendo, me dolía pensar que era mi culpa, que él no comía por mí, que el lloraba por mí, que no dormía por mí. ¡Por Dios! Era el amor de mi vida, me dolía tanto... su dolor era mi dolor, podía sentirlo, podía sentir su sufrimiento, su agonía... Él sentía lo que yo quise que sintiera, que fuera una venganza. Pero si nos ponemos a pensar ¿Era justo? No podía serlo, yo era una persona que nunca planteaba sus gustos, las cosas que le parecían bien o mal y todo lo fue acumulando, todo lo fue guardando hasta que el cofre que guardaba todos esos sentimientos, todas esas frustraciones estalló... ¿Pero era su culpa? ¡Claro que no! Era totalmente mía por no plantear una buena comunicación en nuestra relación, por no saber cómo manejar las cosas. ¿Y qué más se le puede pedir a una persona que nunca había tenido un novio? ¿Qué más se le puede pedir a alguien que no había tenido ninguna otra experiencia parecida?... Realmente todo era complicado, porque luego que tomé la decisión de irme tan a la ligera, lo pensé... pensé que no era la mejor manera, que había cometido un grave error, pero ya era tarde, todo estaba listo y debía seguir firme en mi decisión aunque me arrancara el alma.

A pocos días de irme me escribió

—Hola Siobhan, te escribo porque logré entenderlo, está bien te entiendo. ¿Pero volverás? ¿No me engañarás por allá? Tengo muchos temores, no deseo perderte.

Mi vida se iluminó de nuevo, el alma volvió a mi cuerpo y hablamos por toda la noche, le hice ver que el era el único hombre que realmente me interesaba y que se que todo lo había realizado muy apresurado pero ya no había vuelta atrás, que lo hacía por mi futuro, que aprender inglés sería muy bueno para mí y que solo iría allá por eso.

Los días pasaron y con ellos peleas, lágrimas, risas y muchos abrazos, la verdad estábamos muy confundidos. No sabíamos que podía pasar estando un año tan lejos uno del otro, la situación era muy tensa, los dos continuábamos llorando, y tristes. Yo estaba contenta por el viaje, conocería cosas nuevas, conocería un país nuevo y un idioma nuevo, a cualquiera le hace feliz eso, pero me entristecía enormemente que él no estaría a mi lado compartiendo esa experiencia.

Un primo y su novia decidieron ir conmigo en esa aventura, compraron los boletos y pagaron el curso también al menos no me iría sola. A dos amigos que le comenté le pareció la idea fantástica y decidieron hacer lo mismo. Cuando le comenté a Jhon se enfadó mucho, no le agradó nada la idea de que Carly y Gonzalo fueran y él se iba a quedar ahora más preocupado que antes, ya que no conocía muy bien a esos amigos.

Ellos eran amigos de bachillerato, que Jhon no conocía, le enfadó muchísimo

—Pienso que estás haciendo las cosas mal de nuevo Siobhan

— ¿Por qué? Son mis amigos, que tu no los conocieras en persona no quita que lo sean —Le dije de manera indiferente

— ¿Te gustaría que pasara lo mismo conmigo? ¿Qué yo me fuera con dos amigos que tú no conoces? ¿Te parece razonable?

—Razonable o no ellos son mis amigos y ya hicieron sus trámites por su lado, yo no les pagué nada ni les regalé nada. A ti te dije que podías ir conmigo cosa que has rechazado —Dije seriamente

—Por supuesto que lo he rechazado Siobhan, yo no dejaré mis estudios a mitad, y no perderé mi semestre por tu capricho. Yo sé lo que quiero en la vida y en mis planes está estudiar inglés en el exterior, pero la diferencia entre tú y yo es que se cual es el momento indicado, por lo visto tu aún no diferencias eso. —Dijo tajante

—Puede que tengas razón, pero ya todo está decidió me acompañas en esto o no lo haces, es todo.

—Sabes que si te acompañare desde la distancia porque te amo, te amo como nunca he amado a otra mujer y simplemente no te quiero perder, te comprendo, te entiendo pero no comparto tu decisión.

Pasaron los días y llegó el peor momento la despedida en el aeropuerto...

Capítulo IX: Despedida y aterrizaje en otras tierras.

El me acompañó al aeropuerto igual que mi familia, mi madre no pudo acompañarme porque le dio neumonía y estaba hospitalizada, antes de salir hablé con ella y hablé con los doctores, me dijeron que solo era una neumonía y que todo estaba bien que no me preocupara. Nos despedimos en el hospital y me dolió el alma dejarla ahí, ¿Qué podía hacer? Ya todo estaba listo y realmente no era grave lo que tenía, porque si no sin duda alguna cancelo el viaje.

Cuando ya nombraban a los pasajeros del vuelo nos miramos, fue la mirada más llena de amor que alguien pudo percibir en toda la humanidad, llena de amor con tristeza, rabia, frustración e ira. Nos abrazamos fuertemente, un abrazo del cual nadie se quiere zafar, me dio un beso entre lágrimas, un beso cargado de amor, ternura y tristeza. Me deseó lo mejor, me miró a los ojos y me dijo

—Te esperaré aquí, ve tranquila y estudia Siempre juntos —Dijo entre lagrimas

—Siempre Juntos —Afirme me giré a hacia la puerta de embarque y no le vi más. El corazón latía a mil por horas, y me imaginaba su sufrimiento, me imaginaba su dolor, obviamente era más amplio que el mío, yo me iba de su lado, él se quedaba en el mismo lugar de siempre. Lo estaba haciendo sufrir demasiado, yo lo acostumbre a estar tres años de nuestra relación siempre juntos, hacíamos todo lo que teníamos que hacer juntos, diligencias, tareas, investigaciones, ver películas, absolutamente todo. Y ahora lo dejaba a la deriva, lo dejaba sin nada, porque ya no le hablaba a sus amigos, ya no salía con ellos, nos habíamos vuelto ermitaños y sin darnos cuenta... Estaba con mis amigos esperando el vuelo ya que teníamos el mismo boleto ida y vuelta, en el Duty Free había muchas cosas y compré cosas rápidamente para comer en el avión, mi lado obeso siempre estaba conmigo.

Al último llamado subimos al avión, no era primera vez que volaba pues en un campamento había ido a República dominicana. Busqué mi respectivo asiento y me lancé en el, eran las 6 pm, el sol iba cayendo lentamente y podía verlo a través de la ventana, caía tan lento como las lagrimas en mis mejillas, tan solo como mi alma en ese instante...

En el avión daban audífonos y justo enfrente en el espaldar del asiento delantero, estaba una tablet con opciones para ver de películas, escuchar música o simplemente cómo va el vuelo y cuánto le falta para llegar a su destino. Antes de despegar decidí colocar una película y colocarme los audífonos, yo iba con otra persona a mi lado, puesto que mis amigos iban sentados juntos.

—Señorita, ¿me ayuda a poner la misma película que tiene usted? —Murmuró la señora

—Por supuesto señora. —Me arrimé a su asiento y lo hice

—Listo señora —Dije sonriéndole

—Muchas gracias señorita —musitó

—Siempre a su orden —concluí

Me relajé en mi asiento y simplemente vi la película sin prestarle atención, no recuerdo si era Avatar o Batman, la verdad mi recuerdo es borroso, igual de borroso que mis ojos ya que no dejaban de salir lágrimas. Cuando el avión por fin despegó me di cuenta de mi realidad, de verdad estaba dejando mi país, de verdad estaba rumbo a un lugar desconocido, de verdad iba sin el amor de mi vida, de verdad estaba sola, totalmente sola. Y lloré, lloré en silencio cada segundo hasta llegar a nuestro destino.

Pensé que ya habíamos llegado pero no, el avión aterrizó, si, pero no en Inglaterra. Se me olvidó por completo que compramos boletos con escala en Barajas-Madrid y esa era la pista donde justamente estaba aterrizando nuestro avión. Me entristecí, necesitaba llegar lo más pronto posible, no estaba bien emocionalmente. Tomé mi equipaje de mano y salí apresuradamente del avión, tanto que se me olvidó que venía con mis amigos, de pronto sentí unos pasos detrás de mí como si vinieran corriendo, me giré asustada, eran ellos…

— ¡Siobhan por Dios! Venimos detrás de ti desde que salimos del avión, llevamos tiempo gritando tu nombre y tú como si nada. —Dijo Gonzalo con voz cansada

— ¡Oh! Realmente lo siento chicos, no recordaba que venía con ustedes. —Dije con toda sinceridad.

Ellos se vieron fijamente a la cara pasmados con la boca abierta, voltearon y fijaron la mirada en mí y yo me encogí de hombros.

Mi primo y su novia ya estaban en Inglaterra, ellos consiguieron un boleto para el día anterior y nos estaban esperando en el aeropuerto de Inglaterra para llevarnos hasta una residencia que ellos encontraron en internet para mis amigos y yo. Les recordé esto a los chicos y solo dieron una vuelta por el Duty Free de Barajas y nos fuimos de prisa al siguiente avión, que ya estaba embarcando a los pasajeros.

En mi cabeza había solo dos cosas, mi madre hospitalizada y Jhon… No salían de mi mente ni un solo instante. Quien viera mi cara por los pasillos pensaría que iba rumbo a la horca, de verdad estaba deplorable.

Abordamos el siguiente avión y en dos horas ya estábamos en Londres, buscamos nuestras respectivas maletas y al salir ya estaba mi primo y su novia esperándonos, no esperamos más y simplemente nos fuimos del aeropuerto.

—Hola Mostra —Así me decía mi primo cariñosamente

—Hola Mostro ¿Todo bien? —Le dije sin mucho ánimo

—Bueno creo que cualquiera está mejor que tú, mírate esa cara, pareciera que acabas de llegar a un velorio.

En realidad eso era, un velorio, cada paso que daba me llevaba al lugar que sería mi casa por todo un año, y eso de verdad sería un constante velorio, cosa que no pensé antes claro está. Cuándo tomé la decisión todo era esplendido, pura maravilla; pero al darme cuenta del error... todo se volvió gris, opaco, sin brillo y sin sentido. Realmente no sé como soportaré estar un año con todos estos sentimientos... Al menos tenía ahí a mi primo, que era como mi hermano, él me daría las fuerzas necesarias para terminar lo que vine hacer aquí y no flaquear.

Mi primo nos dejó en la residencia, era una casa no muy pequeña, cada paso que daba era como pisar una galleta y sentir que se rompe, los pisos crujían fuertemente con cada zancada, parecía ser una casa muy débil, era toda de madera, piso de madera, paredes de madera y techo de madera, a nosotros nos tocó dormir en un piso de arriba, pronto pensé que las escaleras cederían cuando sintieran mi peso en ellas y pasaría una pena enorme… No fue así, la casa parecía débil pero en realidad no lo era, las escaleras soportaron mi peso y llegamos al cuarto.

Era más una caja de cerillos que un cuarto, las camas estaban pegadas con menos de 30 cm de separación entre ellas, una era una litera y la otra una cama individual, justo tres como queríamos para estar juntos y no en cuartos separados. Era tan pequeños que para unos entrar teníamos que salir otros, las maletas no cabían fue un total problema intentar acomodar las tres maletas en aquel cuarto tan mínimo, juntando nuestras ideas lo logramos y decidimos salir a dar una vuelta y conocer el lugar, todo era realmente hermoso, las personas eran amables, a pesar que se notaba que no éramos de ahí porque no hablábamos inglés y nos veíamos perdidos ellos nos ayudaban a conseguir lo que queríamos sin pedir nada a cambio. Teníamos mucha hambre y decidimos probar que tal eran las hamburguesas en Inglaterra, esa noche nos gastamos en comida 11 euros, pensamos que era mucho pero no nos importó porque era nuestro primer día y simplemente queríamos conocer un poco.

Yo quería pronto encontrar un lugar donde comprar un teléfono, pero ya era tarde, eran pasadas las 7 pm y los lugares donde vendían aparatos electrónicos estaban cerrados, me entristecí mucho, realmente quería con todo mi corazón hablar con Jhon y con mi madre, pero ya esa noche no se iba a poder…

Nos fuimos a la residencia y nos perdimos, no sabíamos que calle era, todas se parecían y era un gran problema. No hablábamos inglés, nuestros conocimientos eran vagos y nulos, no sabíamos como pedir ayuda y ya pasaban las 8: 30 pm, estábamos aterrados, veníamos de un país en donde estar a esa hora en la calle era un suicidio y perdidos más aún. Como pudimos intentamos hablar con personas y preguntarles, algunas no nos entendían, algunas nos ignoraban y otras de verdad intentaban ayudarnos de todo corazón y fracasaban. De pronto pasó un señor al cual le preguntamos ya decepcionados y él fue el único que pudo ayudarnos, recuerdo que nos dijo que los venezolanos eran personas agradables, en su idioma claro, pero ese si se entendió muy bien.

Nos llevó hasta la puerta de la casa y estuvimos agradecidos con el de todo corazón, nos sentimos a salvo en aquella puerta desconocida pero tan confortable para nosotros.

Esa noche nos dormidos muy cansados, el viaje fue largo, ni siquiera nos acordamos de comprar algo para hacer desayuno en la mañana, llegamos, nos tumbamos en la cama y nos dormimos.

La mañana siguiente nos despertamos casi congelados, la temperatura era bajo 0 y nuestro atuendo no era el adecuado para el clima, nos colocamos los abrigos que teníamos pero no eran suficiente para apaciguar aquel frio bestial, salimos rápido de la casa a intentar comprarnos cosas acorde al clima, mi primo nos esperaba a las afueras de la casa para indicarnos lugares que debíamos conocer, el no tenía más que un día por encima de nosotros, pero era muy astuto, inteligente y nos ayudó con todo, nos dijo donde encontrar la tienda más barata para comprarnos lo que necesitábamos.

Una tienda espectacular, tenía cosas bellísimas de invierno y muy baratas, a decir verdad hicimos un mercado en esa tienda de cosas que necesitaríamos para los días venideros.

Al terminar ahí le dije a mi primo que nos acompañara a la tienda de celulares que necesitaba con urgencia comprarme uno. El asintió y fuimos todos, me gustó uno que estaba barato y era un Smartphone grande, una marca no muy conocida pero tenía muy buenas referencias de la misma, me gustó y me lo compré. Fueron 120 euros recuerdo. Enseguida mi primo me dijo que había una tienda de líneas telefónicas muy accesible, en donde había planes de internet ilimitado y podía optar por esa o por la que yo quisiera, llegamos a la tienda y lo compré.

Al tener la línea en mi teléfono nuevo mi primo me indicó como agregar números venezolanos y los códigos necesarios para ellos así que lo hice rápidamente, agregue el teléfono de mi mamá y el de Jhon. Sin pensarlo le escribí a mi madre primero:

"Hola mami, llegué a Inglaterra y todo está bien, ¿Tu cómo estás? Me compré un teléfono muy lindo"

Rápidamente me salí de ese chat y busqué el de Jhon:

"Hola mi amor, ya llegué a Inglaterra, todo espectacular, me compré un teléfono lindísimo para que estuviéramos comunicados lo más rápido que pude"

Tenía el teléfono en las manos y no dejaba que se apagara esperando la respuesta de ambos, primero respondió mi madre

—Hola hija que bueno que llegaste bien, ¿Qué tal es eso por allá? ¿Qué tal te sientes? Yo estoy bien, aún en el hospital pero bien.

— ¡Qué bueno madre!, por acá todo es muy lindo, un espectáculo de país, pero extraño ya estar en Venezuela. —Ella no sabía ni podía ver mi cara ni mi expresión, pero de mis ojos brotaron lágrimas de nostalgia. — Aunque me consuela que estés bien, estudiaré mucho para que te sientas orgullosa de mí.

El mensaje Jhon nada que me llegaba, estaba ya angustiada ¿Será que no quiere saber de mi ya? ¿Conseguiría a otra persona ya? ¿Desistiría de la idea de esperarme? De verdad me estaba atormentando.

Me di cuenta que la diferencia de horario era grande, y él en ese preciso instante debía estar estudiando. Mi cerebro se relajó mi corazón se calmó y respiré profundo "Es hora de esperarle" me dije para mis adentros.

Era hora de ir a visitar el instituto en el cual estudiaríamos inglés su nombre era Doghe College, no era nada parecido a las fotos que había visto justo antes del viaje, era una casa común y corriente con salones, pizarras de acrílico y mesas para los alumnos, con un estilo antiguo, igual que la residencia o mejor dicho la casa donde nos quedábamos era totalmente hecha de madera, el piso crujía a nuestro paso pero no nos importó. Al entrar se en encuentra una recepción donde yacía una señorita con su computador. Mi primo se acercó a ella y le habló en español

—Hola Cath, ella es mi prima y ellos son sus amigos, ya ellos tienen todo pago, solo les resta empezar y listo ¿Empezarían mañana mismo no es así? —Concluyó con una gran sonrisa

—Pues si mi querido amigo, mañana pueden comenzar, si quieren pueden pasar y ver el salón desde fuera, la clase de hoy ya empezó, está justo al terminar el segundo piso —Dijo con una sonrisa y volviendo a sus quehaceres.

El mostro nos hizo un gesto con la mano para que le siguiéramos y subimos al segundo piso. Tal cual cómo dijo esa señorita, al terminar las escaleras había un salón, realmente grande, tenía una puerta de madera con una ventanilla transparente de vidrio, a través de ella vimos a la que sería nuestra profesora y a los que serían nuestros compañeros, nos sentimos nerviosos... Bueno al menos yo, Gonzalo y Carly estaban esperanzados, sus caras reflejaban alegría y ansiedad, se les notaba que querían entrar de una vez a clases yo por el contrario no estaba ahí, mi mente y mi alma estaban en Venezuela solo que mi cuerpo se encontraba aún en Inglaterra.

Bajamos las escaleras de nuevo y el mostro nos invitó a visitar la ciudad, realmente parecía que él hubiese vivido toda sui vida ahí cuando lo que tenía eran 3 días.

—Aquí hay muchas cosas espectaculares, tiendas muy buenas, lugares para comer muy buenos, también hay bares para ir a rumbear y celebrar, a esos aún no hemos ido. —Dijo giñando un ojo— ¿No es asó Lenda amor mío?

—Si la verdad es muy bonito todo por acá Sio, ahora es que nos faltan conocer cosas pero poco a poco, ahora es que tenemos tiempo —Dijo Lenda la novia de mi primo y una muy buena amiga mía.

Si había demasiado tiempo y la verdad es que quería que pasara volando para volver, también quería conocer cosas de Inglaterra ya que no muchas personas tenían la dicha que yo tuve de viajar allá. Aunque mis gustos eran realmente marcados, Museos, parques, obras de arte, eran las únicas cosas que me interesaba conocer, cosa que deje bien claro a mis amigos antes incluso de tomar el avión a Inglaterra, ya que yo se que a ellos les encanta ir de fiestas siempre.

Capítulo X: La respuesta

—Hola Sio. ¿Llegaste bien? ¿Qué tal el vuelo? ¿Muy cansada? Te extraño como no tienes una idea amor, aun no comprendo por qué te fuiste pero te apoyo. Realmente te amo, te amo con todo mí ser.

Ese fue el mensaje que recibí a las 12 pm en Inglaterra ya estaba dormida y resignada a que no me respondiera aunque sabía la diferencia de horario, mi corazón saltó de emoción, brincó de alegría tanto que pensé que se saldría del pecho. Me desperté bien, abrí y cerré los ojos para ver mejor y le respondí:

—Hola amor mío, la verdad fue un viaje cansón, todo por acá es muy lindo, diferente a Venezuela la verdad, la gente es amable y a pesar de no hablar el mismo idioma te ayudan. Ya te extraño, ya quiero que el tiempo pase para vernos, perdóname por la decisión de verdad perdón. —Concluí con un nudo en la garganta que el obviamente no podía notar.

—Ya no te preocupes por eso, disfruta lo que estás viviendo, conoce lo que quieras conocer, y vuelve, vuelve porque aquí te espero.

—Te amo mucho, me compré este teléfono para que estuviéramos siempre siempre comunicados. A cada segundo mientras estemos desocupados de nuestras clases. —Dije con alegría

—Eso es espectacular amor, estoy muy contento por ti y orgulloso, se que vas a lograr lo que deseas.

Y así continuó la conversación hasta que ya eran las 4 am y tenía que levantarme para ir al instituto a las 7 am, nos despedimos, y sentí su amor, su apoyo, su tristeza pero a la vez su firmeza.

Los días pasaron y el instituto era realmente bueno, al 4 día ya pidía entender a las personas que me hablaban o por lo menos lo básico y eso me fascinaba, cuando concluyó la primera semana nos felicitaron porque los nuevos habíamos avanzado de una manera increíble en tan poco tiempo, y es que a los tres nos gustaba el inglés, el mostro y Lenda también fueron felicitados. Nos iba muy bien.

Jhon y yo cada día más unidos, aunque estábamos lejos el amor seguía intacto, seguía habiendo chispa y emoción al hablar, al día hablábamos cada rato, nunca dejábamos de hablar, incluso yo me dormía todos los días a las 4 am y me levantaba a las 7 am para ir al instituto. Me fui alejando de mis amigos porque notaba cosas raras en ellos, a pesar que al principio les dije que no me gustaba ir de fiesta ellos insistían y cuestionaban mi encerramiento y mi habladera por teléfono con Jhon, yo la verdad no les prestaba atención, solo conocí un parque llamado Stephen Green, realmente bello. De resto 3 centros comerciales para ver las tiendas y con el mostro porque a mis amigos les gustaba era salir de noche.

El cuarto nos quedaba pequeño y el mostro nos consiguió una casa más grande en donde habían dos habitaciones, una para nosotros y una para otras personas que necesitaran quedarse. Era una casa muy bonita, amplia, con muebles de cuero, cocina empotrada, piso de cerámica una casa que se ve en sueños.

Mi madre continuaba en el hospital, no entendía aun por qué, incluso no había hablado con ella por teléfono porque se sentía mal. La verdad eso estaba raro… sentía que me estaban ocultando algo.

Un día el mostro me llama a su casa ya que ellos Vivian aparte.

—Mostra ven a almorzar aquí, eso si compra algo de tomar antes de llegar. —Concluyó y me colgó.

Eso me parecía raro, pero luego reflexioné y me die cuenta que él sabía que yo estaba sola ahí y simplemente me acomodé y salí.

Entré a la primera tienda que vi y compré una gaseosa, caminé hasta su casa ya que no quedaba lejos, lo llamé para que bajara a abrirme

—Ya estoy aquí mostro baja —Le dije

—Bajando mostra —Me dijo y colgó.

No tardó ni 5 minutos y me abrió la puerta.

—Sube arriba está Lenda. —Dijo de manera seria

—Ok —Y me perdí por las escaleras

—Hola lendita bella ¿Cómo estás? —Le pregunté

—Hola Sio hermosa ¿Bien y tú?

—La verdad muy bien, solo algo preocupada pero no le pares —Concluí

La mesa ya estaba servida, muy bonita la verdad, el era chef, y preparó ensalada cesar con asado de cerdo, la comida olia maravillosa, ya quería sentarme a comer. Rápidamente entró el mostro a la casa.

—Bueno vamos a comer, lenda busca los vasos.

Ella los buscó y nos sentamos a comer, lendita tenía una tablet justo a su lado y la estaba utilizando, luego la llaman por Skype

—Es para ti —Me dice dándome la tablet, era raro ella ni siquiera había atendido.

Cuando la observo era la foto de mi madre rápidamente atendí

— ¡Hola mamá! ¿Cómo estás? Estaba deseando hablar contigo, te extraño. Cuéntame, ¿Cómo sigues?

¿Cómo te sientes? ¿Te realizaron más exámenes? —La abarroté de preguntas

—Hola hija por eso te llamo. ¿Qué tal está todo por allá? ¿Hace mucho frio? —Dijo de manera extraña, con una voz que no supe descifrar— Bueno sabes que aún estoy en el hospital, me hicieron una series de exámenes hija y me salió algo... algo malo... tengo cáncer en el pulmón hija.

Mi vida se derrumbó, ya yo no era yo, estaba muerta, tan muerta como lo estará mi madre en algún momento por esa enfermedad tan fuerte, tan mala, tan sucia. Rápidamente le contesté

—Bueno madre para adelante, a luchar, juntas lucharemos con eso, yo estoy contigo, y tu puedes con eso y más —Dije con un nudo en la garganta para que ella no se diera cuenta que estaba devastada, ella necesitaba mi apoyo incondicional y yo debía ofrecérselo.

—Si hija claro que sí, justo mañana comienzo las quimioterapias, es algo que no se puede operar pero luchare con todas mis fuerzas —Dijo muy segura de si misma y eso me subió un poco el ánimo.

—Así se habla, vas a salir de eso ya verás. Madre en este instante estoy comiendo, deja termino de comer y te llamo para seguir hablando del asunto ¿Te parece?

—Claro que si hija buen provecho. Te amo —Dijo con ternura

—Te amo más madre —Concluí ya sin aliento y colgué.

Cuando la llamada se hubo terminada también se terminó mi vida, lloré y lloré como una niña a la que le quitan su juguete más preciado, lloré por lo que estaba pasando por lo que pasará y por lo que nunca pasó... el mostro me abrazó y lloró conmigo, pues mi madre era como una segunda madre para ir, incluso lenda estaba llorando, también quería mucho a mi madre... Era una mala notica, yo estaba muy lejos pero algo debía hacer... ¿Me devolveré a Venezuela ya? ¡Sí! Y entre lagrimas la decisión fue tomada... yo era única hija y debía estar con mi madre pasara lo que pasara, aunque las estadísticas de la familia no sean buenas, todo aquel al que le ha dado cáncer ha muerto por ello yo debía ir a acompañar a mi madre... salí de la casa del mostro sin decir nada, tome mi abrigo, mis guantes y mi gorro, me los puse y salí de ahí. Caminé y caminé por horas... las tiendas cerraban a mi paso pero no me importaba solo quería olvidarme, solo quería que alguien me dijera que era solo una mala broma... pero nadie nunca llegó.

www.ingramcontent.com/pod-product-compliance
Ingram Content Group UK Ltd.
Pitfield, Milton Keynes, MK11 3LW, UK
UKHW041923190726
13854UKWH00003B/1404

9 781329 894518